¿Cómo eran los dinosaurios?

Escrito por Ellen Keller
Adaptación al español por Rubí Borgia

STECK-VAUGHN ®
C O M P A N Y

A Division of Harcourt Brace & Company

www.steck-vaughn.com

Algunos dinosaurios eran altos.

El braquiosaurio era tan alto como una torre.

Algunos dinosaurios eran pequeños.

El heterodontosaurio era tan pequeño como un perro.

Algunos dinosaurios eran largos.

El esteagosaurio era más largo que un vehículo de acampar.

Algunos dinosaurios eran muy pesados.

El triceratops era tan pesado como dos elefantes.

Algunos dinosaurios sólo comían plantas.

Estos dinosaurios vegetarianos tenían dientes muy planos.

Algunos dinosaurios sólo comían carne.

Estos dinosaurios carnívoros tenían dientes muy afilados.

Muchos dinosaurios parecían lagartos.

Ya no quedan dinosaurios en la Tierra.

Pero puedes verlos en los museos.